오늘은 용돈 받는 날

용돈을 똑똑하게 관리하기 위한 첫걸음

오늘은 용돈 받는 날

연유진 글 | 간장 그림

작가의 말

'백 마디 말보다 한 번의 경험이 훨씬 중요하다.'

뻔한 상투어지만, 저는 이 말만큼 용돈을 통한 경제 교육의 중요성을 잘 나타내 주는 말이 없다고 생각합니다. 용돈을 쓰는 일은 아이들이 처음으로 직접 해 보는 경제 활동입니다. 주어진 금액 안에서 돈을 써 보는 경험은 선생님이나 부모님에게 배우는 단편적인 경제 지식과는 비교할 수 없을 만큼 큰 자산입니다.

이 책은 이제 초등학교 3학년이 된 '현우'가 용돈을 받기 시작하면서 겪는 일들을 담은 이야기랍니다. 처음 용돈을 써 보는 현우는 충동구매로 필요 없는 물건을 사기도 하고, 인형 뽑기를 하며 일주일 치 용돈을 날려 버리기도 해요. 하지만 엄마와 아빠의 도움을 받아 차차 용돈을 관리하는 법을 배우고, 합리적인 소비를 하는 어린이로 성장합니다.

용돈을 받기 시작한 여러분도 처음에는 현우처럼 여러 가지 시행착오를 겪을 거예요. 하지만 현우의 이야기를 읽으면서 차근차근 용돈 관리법을 배우다 보면 현우와 함께 현명한 소비자로 변화할 거예요.

용돈 관리법을 익힌 어린이들은 어른이 되어서도 성공적인 경제 활동을 할 수 있어요. 어른들의 경제 활동은 금액만 커질 뿐, 주어진 소득 안에서 소비하고 저축으로 미래를 대비하는 것은 어린이들의 용돈 관리와 다르지 않거든요.

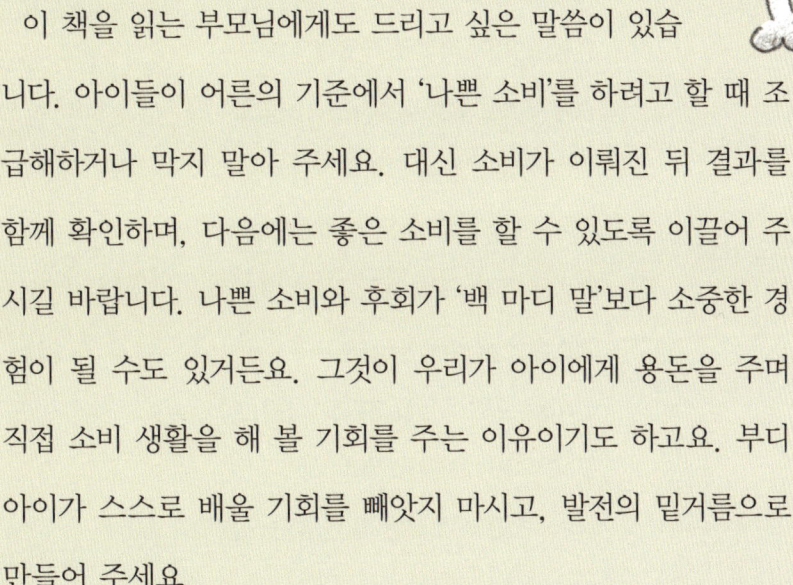

이 책을 읽는 부모님에게도 드리고 싶은 말씀이 있습니다. 아이들이 어른의 기준에서 '나쁜 소비'를 하려고 할 때 조급해하거나 막지 말아 주세요. 대신 소비가 이뤄진 뒤 결과를 함께 확인하며, 다음에는 좋은 소비를 할 수 있도록 이끌어 주시길 바랍니다. 나쁜 소비와 후회가 '백 마디 말'보다 소중한 경험이 될 수도 있거든요. 그것이 우리가 아이에게 용돈을 주며 직접 소비 생활을 해 볼 기회를 주는 이유이기도 하고요. 부디 아이가 스스로 배울 기회를 빼앗지 마시고, 발전의 밑거름으로 만들어 주세요.

그럼 다 함께 똑똑하게 용돈 관리하는 법을 배우러 떠나 봐요!

연유진

작가의 말 4

1 현우와 함께하는 알뜰살뜰 **용돈 관리**

등장인물 소개 10

나도 이제 용돈을 받게 됐어 12

큰 필통을 살 테야 15

인형 뽑기의 유혹에 빠졌어 19

충동구매로 필통을 잘못 사 버렸어 24

어떤 생일 선물을 고를까? 28

쉬어 가요 누가 더 좋은 선택을 했을까? 34

즐거운 추석, 특별 용돈을 받았어 38

거스름돈을 잘못 받았어 43

아빠를 도와서 돈을 벌었어 50

드디어 3만 원을 모았어 55

쉬어 가요 전자 화폐는 좋은 점만 있을까? 63

나는야 기부 천사 66

용돈 관리 계획을 세웠어 70

쉬어 가요 내 이름으로 된 통장을 만들었어 76

 용돈을 똑똑하게 관리하기 위한 **경제 지식**

돈이란 무엇일까요? 82

소비란 무엇일까요? 87

물건의 가격은 어떻게 결정될까요? 90

용돈을 어떻게 사용해야 할까요? 93

1
현우와 함께하는 알뜰살뜰
용돈 관리

용돈을 현명하게 쓸 줄 알게 되기까지는
많은 경험이 필요해요.
용돈을 알차고 보람되게 쓴 경험도,
돈을 허투루 쓴 경험도 모두
똑똑하게 소비하는 법을 터득하는 데
귀한 거름이 되지요.
1장에서는 '현우'의 용돈 이야기가 펼쳐집니다.
현우의 이야기를 통해 경험을 쌓고,
현명하게 용돈 쓰기 실전 연습을 해 보아요!

용돈 관리 시작!

용돈 기입장 공격!

등장인물 소개

최현우

풀빛초등학교 3학년에 다녀.
맛있는 빵을 먹는 걸 좋아하고,
'파티시에'가 되는 게 꿈이야.
빵, 케이크, 과자 등을
전문적으로 만드는 사람이 되어서
사람들을 행복하게 해 주는 빵을 만들고 싶어.
또 내 이름을 내건 제과점을 전 세계에 열어서
돈을 많이 벌 거야.

엄마와 아빠

엄마 아빠는 내가 세상에서
가장 사랑하는 사람들이야. 내가 서툴러도
스스로 많은 걸 할 수 있도록 도와줘.
파티시에가 되겠다는 내 꿈을
열심히 응원해 주는 분들이기도 해.

현우의 친구들

우리 반에는 내가 좋아하는 친구들이 많아.

지수와 찬유는 하고 싶은 일도 많고, 갖고 싶은 물건도 넘치는 아이들이야.

장난꾸러기여서 늘 주변에 재미있는 일들을 몰고 다녀.

다경이는 모두가 좋아하는 아이야. 우리 반에서 최고로 인기 있지.

또 세계 최고 요리사가 되고 싶어 하는 준호는

나와 서로의 꿈을 응원하는 단짝 친구야.

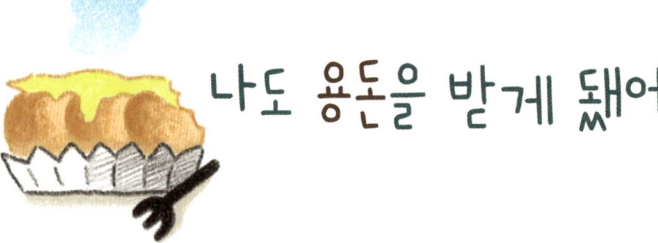

나도 용돈을 받게 됐어

안녕? 나는 최현우야. 만나서 반가워. 오늘 나한테 엄청난 일이 생겼어. 드디어 나도 용돈이란 걸 받게 됐거든! 어떻게 용돈을 받게 됐는지 궁금하다고?

나는 오늘 엄마와 함께 길을 걷다가 제과점 창 너머로 치즈가 풍성하게 올라간 새로운 빵을 발견했어. 파티시에를 꿈꾸는 내가 그냥 지나칠 리 없지. 나만의 맛을 개발하려면 지금부터 맛있는 빵을 많이 먹고 맛을 연구해야 하니까 말이야. 나는 새로운 빵을 먹어 보고 싶어서 멈춰 서서 엄마를 졸랐어. 내 성화를 못 이긴 엄마는 마지못해 빵을 집어 들었어.

빵을 손에 넣은 나는 집에 돌아와 한입 크게 베어 물었어. 하지만 곧바로 다시 포장지로 빵을 싸서 냉장고에 휙 던져두었어. 배가 고프지 않아서인지 생각만큼 빵이 맛있지 않았거든. 내 모습을 보던 엄마는 잠시 생각에 잠겼어.

"이제 현우도 3학년이 되었으니 용돈을 받아 볼래? 용돈에 맞춰 생활하다 보면 물건과 돈의 가치에 대해 더 깊이 생각하는 습관이 길러질 거야."

엄마가 말했어.

엄마는 늘 걱정하셨어. 내가 농부와 파티시에처럼 수많은 사람의 노력으로 탄생한 빵을 함부로 다루고 쉽게 버린다고 말이야. 솔직히 엄마를 조르면 언제든 빵을 살 수 있으니까 빵을 별로 소중하게 여기지 않았던 것도 사실이지 뭐.

"앞으로 일주일에 5천 원씩 줄게. 갖고 싶은 게 있으면 용돈 안에서 마음껏 사도 좋아. 대신 어떻게 돈을 쓰는지 용돈 기입장에 꼭 적어 둬야 한다, 알았지?"

나는 엄마의 말에 우렁차게 "네!" 하고 대답했어. 날아갈 듯이 기뻤거든.

5천 원이면 자주 가는 빵집에서 매주 새로운 종류의 빵을 하나씩 사 먹어도 3천 원이나 남아. 이 돈만 잘 모아도 엄마 눈치 보지 않고 할 수 있는 일이 아주아주 많을 것 같아. 멋진 옷도 사 입고, 친구들이랑 놀이동산도 갈 수 있을 거야. 우아, 신난다! 벌써 다음 주가 기다려지는걸?

큰 필통을 살 테야

드디어 월요일이 되었어. 학교에 가려고 집을 나서기 전 엄마는 약속대로 5천 원을 줬어. 들뜬 나는 학교에 도착하자마자 친구들에게 용돈을 받았다며 자랑했어.

"얘들아, 나도 드디어 용돈 받는다!"

아직 용돈을 받지 않는 다경이는 나를 부러운 듯 쳐다보며 말했어.

"이제 현우는 뭐든지 살 수 있겠네? 정말 좋겠다."

그 말을 들으니 나는 으쓱했어. 꼭 어른이 된 것 같았거든.

학교에 있는 내내 머릿속에서는 평소에 사고 싶었던 물건

들이 떠다녔어. 뭐부터 살까? 행복한 고민에 빠져 있는데, 갑자기 짝꿍 찬유의 필통이 눈에 들어왔어. 찬유는 커다란 필통에 멋진 장난감 카드들을 넣어 다녀. 나도 큰 필통을 사서 내가 가장 좋아하는 미니카를 넣고 다닐 테야.

그런데 문제가 있어. 찬유 거 같은 필통을 사려면 적어도 7,500원이 필요하거든. 내가 받는 용돈은 일주일에 5천 원뿐인데, 어떻게 해야 하지?

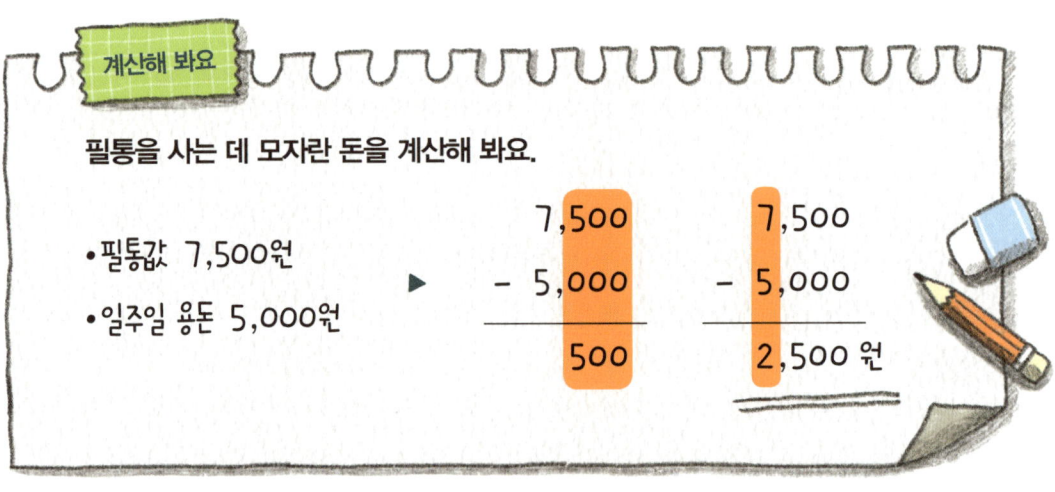

집에 돌아와서 엄마에게 고민을 말했어. 그러자 엄마는 고개를 갸우뚱했어.

"현우야, 미니카를 꼭 필통에 넣어 다녀야 할까? 집에 있는 주머니를 써도 될 텐데 말이야."

하지만 난 꼭 필통에 미니카를 넣어 가서 친구들에게 자랑하고 싶은걸!

내가 고집을 피우자 엄마는 고개를 끄덕였어.

"주어진 용돈 안에서는 돈을 마음대로 쓸 수 있다고 약속했으니까 필통을 사는 건 마음대로 하렴. 대신 돈을 더 달라고 조르기 없기다! 일주일에 5천 원을 받으니까 필통을 사려면 용돈을 적어도 두 번은 모아야겠구나."

용돈을 두 번 받으려면 다음 주까지 기다려야 해. 용돈을 받기 시작하면 당장 뭐든지 다 살 수 있을 것 같았는데…….

시무룩해진 나에게 엄마는 말했어.

"용돈이 생겼다고 사고 싶은 걸 다 살 수 있는 건 아니야. 돈이 모자라면 돈이 충분히 모일 때까지

기다려야 해. 원하는 물건을 사기 위해서는 참을 줄도 알아야 한단다."

나는 용돈을 더 달라고 조르지 않겠다는 약속을 지키려고 일단 돈이 모일 때까지 꾹 참기로 했어. 그리고 5천 원을 저금통 안에 넣었지. 다음 주가 빨리 오게 해 달라고 밤마다 기도해야겠다!

현우의 용돈 기입장

날짜	내용	받은 돈	쓴 돈	남은 돈
9/8	용돈	5,000원		5,000원

인형 뽑기의 유혹에 빠졌어

"오늘 봤어? 문구점에 엄청난 물건이 들어왔어!"

지각할까 봐 허겁지겁 교실로 들어가는데, 지수가 말을 걸었어. 글쎄, 문구점에 새로운 인형 뽑기 기계가 들어왔다는 거야. 이런 대단한 구경거리를 놓칠 수 없지! 나는 학교가 끝나자마자 쏜살같이 새 기계를 구경하러 문구점으로 달려갔어.

반짝반짝 빛나는 인형 뽑기 기계 안에는 귀엽고 멋있는 인형과 로봇이 잔뜩 들어 있었어. 그중에서 아이언맨 인형에서 눈을 뗄 수가 없었지. 멋진 수트를 입고 하늘을 날며 지구를 지키는 아이언맨은 내가 가장 좋아하는 영웅이야.

"현우야, 너는 용돈 받으니까 이거 할 수 있잖아. 실력 한번 발휘해 봐."

지수의 말을 들으니까 갑자기 눈에 불이 번쩍 들어오는 것 같았어. 뽑기를 한 번 하는 데 필요한 돈은 500원. 이번 주에도 용돈으로 5천 원을 받았으니까 적어도 열 번은 도전할 기회가

있어. 세 번쯤 하다 보면 인형 뽑기에 성공하지 않을까? 세 번 중 한 번은 행운이 따를 거야. 문구점에서 비슷한 아이언맨 인형을 무려 5천 원에 팔고 있으니까, 그러면 1,500원을 투자해서 5천 원짜리 인형을 얻는 셈이야. 남은 돈은 저금통에 있는 돈과 합쳐서 필통을 사는 데 쓰면 되겠네? 잘만 하면 아이언맨

인형과 필통을 한번에 가질 수 있겠는걸!

그런데 한 번, 두 번이 지나도 집게발은 주변만 맴돌 뿐 인형을 낚아채지 못했어. 나는 조조해지기 시작했어. 세 번, 네 번, 다섯 번이 지나자 가까이 가는 데는 성공했지만, 집게발은 인형을 꽉 쥐지 못하고 힘없이 허우적거렸어.

"앗, 걸렸다!"

손에 땀을 쥐고 인형 뽑기를 지켜보던 지수가 소리를 질렀어. 집게발이 인형 손에 걸렸거든. 그런데 인형은 목표 지점을 아슬아슬하게 빗나가 집게발에서 떨어져 버렸어.

허탈한 마음에 또다시 주머니에 손을 집어넣은 나는 깜짝 놀랐어. 이번 주 용돈이 어느새 사라지고 만 거야.

계산해 봐요

인형 뽑기를 하는 데 쓴 돈을 계산해 봐요.

- 인형 뽑기 값 500원
- 인형 뽑기 횟수 10번

▶
```
    500
  ×  10
  ─────
  5,000 원
```

생각해 봐요

행운에 기댄 소비는 나쁜 소비예요

　인형 뽑기는 성공 확률이 매우 낮은 게임이에요. 100번을 시도해도 얻을 수 있는 인형의 수는 몇 개도 채 안 되지요. 사람들은 이런 게임을 몇 번 만에 성공할 수 있다고 생각하지만, 대개는 인형을 얻지 못한 채 돈만 쓰게 돼요. 어쩌다 인형을 뽑아도 그건 '행운'에 불과해요.

　행운에 기대어 소비하는 것은 똑똑하지 못한 행동이에요. 행운은 나타날 확률이 거의 없기 때문에 특별한 거예요. 그만큼 현실에서 일어나기 힘들다는 뜻이지요. 그러니까 갖고 싶은 물건이 있다면 제값을 내고 확실히 물건을 얻는 방법을 택하는 게 현명하겠지요?

아이고, 망했다! 인형은 여전히 인형 뽑기 기계 속에 갇혀 있고, 필통 살 돈 모으는 기간만 일주일 늘어나 버리다니. 용돈 기입장에 적힌 남은 돈도 도로 5천 원이 돼 버렸어. 이제 다시는 인형 뽑기에 용돈을 몽땅 써 버리지 않을 테야!

현우의 용돈 기입장

날짜	내용	받은 돈	쓴 돈	남은 돈
9/8	용돈	5,000원		5,000원
9/15	용돈	5,000원		10,000원
	인형 뽑기		5,000원	5,000원

충동구매로 필통을 잘못 사 버렸어

지난주에는 인형 뽑기로 돈을 모두 날리는 바람에 빵도 먹지 못하고 필통도 사지 못했어. 그래서 이번 주에는 용돈을 받자마자 저금통을 들고 문구점으로 달려갔어.

"저거 주세요!"

나는 다른 필통은 보지도 않고, 찬유 것과 똑같은 필통을 달라고 했어. 저금통에 있는 5천 원에 이번 주에 받은 용돈 중 2,500원을 보태서 7,500원을 내고 필통을 사 왔어.

무려 3주나 기다린 필통을 손에 넣으니 콧노래가 절로 흘러나왔어. 남은 용돈으로 2천 원짜리 빵도 하나 샀어. 사실 하나 더 먹고 싶었지만, 오늘은 이 정도로 만족하기로 했어.

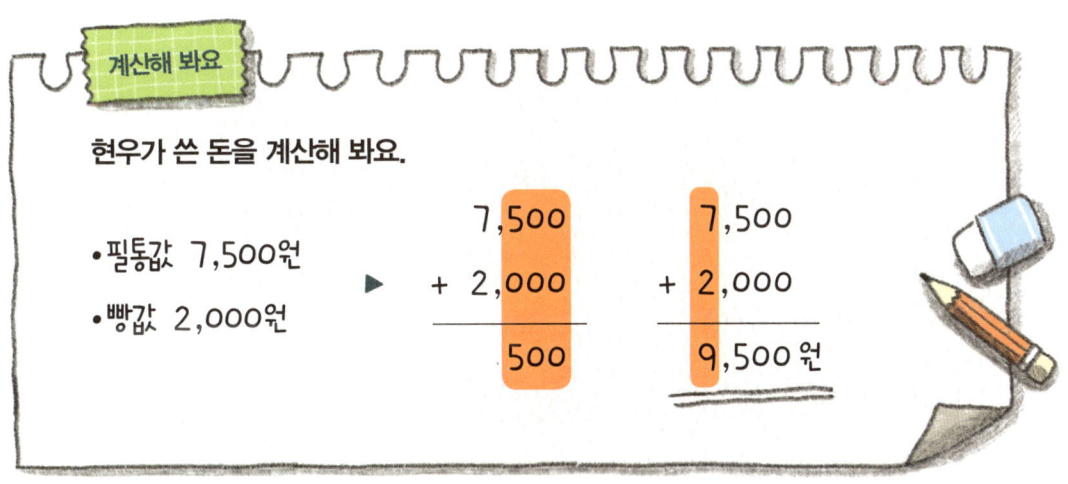

계산해 봐요

현우가 쓴 돈을 계산해 봐요.

- 필통값 7,500원
- 빵값 2,000원

▶ 7,500   7,500
  + 2,000   + 2,000
  ───────   ───────
      500   9,500 원

그런데 문제가 생겼어. 새 필통에 미니카가 들어가지 않는 거야! 찬유의 장난감 카드가 들어가 있을 때는 공간이 넉넉해 보였는데, 생각보다 깊이가 얕았나 봐.

문구점에서 옆에 놓여 있던 다른 필통이 생각이 났지만, 물건을 바꾸러 갈 수도 없었어. 이미 포장을 뜯고 필통 위에 이름까지 써 버렸거든. 친구들한테 필통과 미니카를 자랑할 생각에 너무 들떴나 봐. 이럴 줄 알았으면 차라리 5천 원짜리 아이언맨 인형이나 살걸! 아이고, 어쩌지?

한창 실망해 있는데 엄마가 다가왔어. 엄마는 '최현우'라는 이름표가 붙어 있는 예쁜 주머니를 하나 주었어. 필통을 또 살 수는 없으니 대신 주머니에 미니카를 넣어 다니라고 말이야. 주머니는 필통보다 가볍고, 미니카 여러 개가 넉넉하게 들어갔어. 나는 주머니가 아주 마음에 들었어.

"갑자기 사고 싶은 물건이 생겼다고 무작정 사면 나중에 물건이 마음에 안 들 때가 많아. 한번 사면 결정을 되돌리기 어려우니까, 물건을 살 때는 꼭 꼼꼼하게 따져 보고 사렴."

엄마 말을 들으니, 왜 무조건 찬유와 같은 필통을 사려고만

생각해 봐요

기회비용을 따져요

현우가 7,500원으로 필통을 사지 않았다면 어땠을까요? 5천 원 하는 아이언맨 인형을 사고, 남는 2,500원으로 빵을 하나 더 사 먹을 수 있었을 거예요. 이처럼 어떤 물건을 사느라고 포기해야 하는 다른 물건들을 '기회비용'이라고 부른답니다.

현우는 제대로 따져 보지 않고 충동구매를 해서, 필통을 산 목적인 미니카 보관도 하지 못했고 큰 기회비용까지 치렀어요. 물건을 살 때는 꼭 꼼꼼하게 살피고, 기회비용이 무엇인지도 생각해 봐야 합니다. 그래야 후회 없는 소비를 할 수 있어요.

했을까 후회가 됐어. 필통이 정말 필요한지, 필통을 산다면 어떤 필통이 좋을지 잘 따졌더라면 7,500원으로 더 좋은 선택을 할 수 있었을 텐데. 다음부터는 절대 충동구매를 하시 않고, 잘 생각해 본 뒤에 물건을 살 거야.

현우의 용돈 기입장

날짜	내용	받은 돈	쓴 돈	남은 돈
9/8	용돈	5,000원		5,000원
9/15	용돈	5,000원		10,000원
	인형 뽑기		5,000원	5,000원
9/22	용돈	5,000원		10,000원
	필통		7,500원	2,500원
	빵		2,000원	500원

어떤 생일 선물을 고를까?

 뒷자리에 앉은 다경이가 월요일 아침부터 나에게 말을 걸었어. 생일잔치 날짜와 시간이 적힌 예쁜 초대장도 함께 주었지.
 나는 초대를 받고 정말 기뻤어. 게다가 이제 용돈을 받으니까 엄마한테 허락받지 않고 내가 주고 싶은 선물을 마음대로 고르고 살 수 있어서 더 신이 났지.
 나는 수업이 끝나고 곧장 집 앞 문구점으로 달려갔어. 뭘 줄지도 이미 다 생각해 놨다고! 만들기를 좋아하는 다경이가 평소에 갖고 싶다고 노래를 불렀던 3D펜이 선물로 딱이야!
 앗, 그런데 막상 문구점에 가니 3D펜은 가장 싼 것도 만 원이 넘었어. 지난주에 필통을 사는 바람에 저금통이 텅텅 비어 버려서 3D펜은 도저히 내가 살 수 있는 선물이 아니었어. 에휴, 이걸 어쩐다…….

한참 고민을 하고 있는데, 그림물감이 눈에 들어왔어. 다경이는 그림 그리기도 좋아하니까 분명히 물감을 선물 받아도 좋아할 거야!

그런데 그림물감 종류가 너무나 많았어. 전문가용, 어린이용이 따로 있고, 색깔도 10개짜리부터 50개짜리까지 있었어. 가격도 2,500원부터 5만 원짜리까지 천차만별이네.

나는 고민에 빠졌어. 마음 같아서는 제일 좋은 걸 사고 싶지만, 갖고 있는 돈은 이번 주 용돈 5천 원이 전부였거든. 그때 마침 문구점 아저씨가 다가오셨어.

"현우야, 색이 50개가 넘는 전문가용을 살 필요는 없단다.

이 물감은 화가들이 쓰는 거라서 학생들에게는 너무 비싸거든. 여기 있는 어린이용 물감으로도 충분히 예쁜 그림을 그릴 수 있어."

아저씨의 이야기를 듣고 나는 어린이용 물감을 사기로 했어. 10색짜리는 2,500원이고, 20색짜리는 3,500원이었어. 나는 잠깐 고민하다가 20색짜리 물감을 골랐어. 색깔이 두 배 많은데 가격은 천 원밖에 차이가 나지 않으니까 말이야.

나는 그림물감과 함께 700원짜리 스케치북과 300원짜리 미술 연필도 함께 샀어.

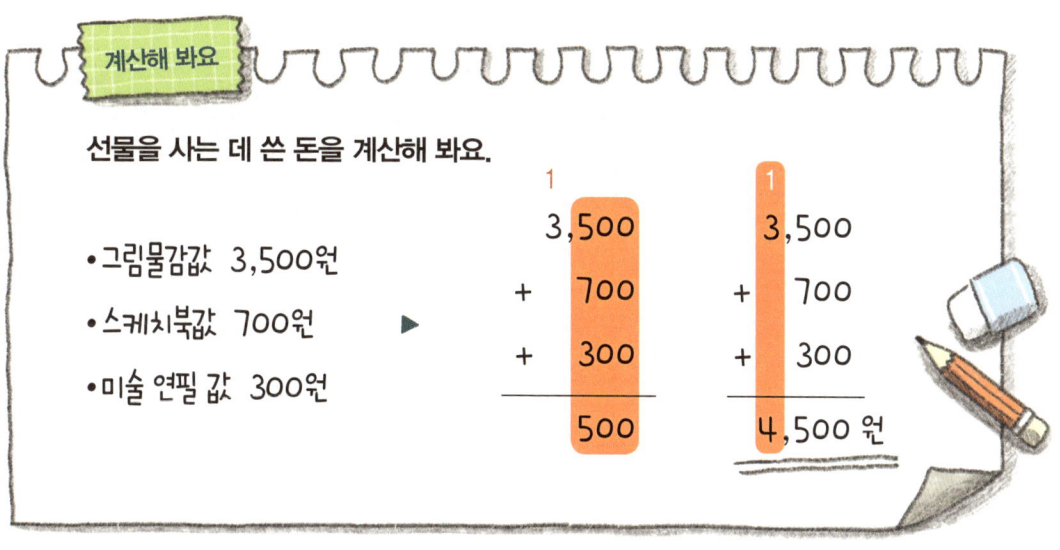

나는 5천 원을 내고 500원을 돌려받았어. 꼼꼼히 따져서 돈

을 쓰니까 용돈으로 이렇게 많은 것을 살 수 있구나! 다경이가 좋아할 모습을 상상하니 저절로 웃음이 나왔어. 나는 똑똑하게 소비를 한 스스로를 속으로 칭찬하며 힘차게 집으로 향했어.

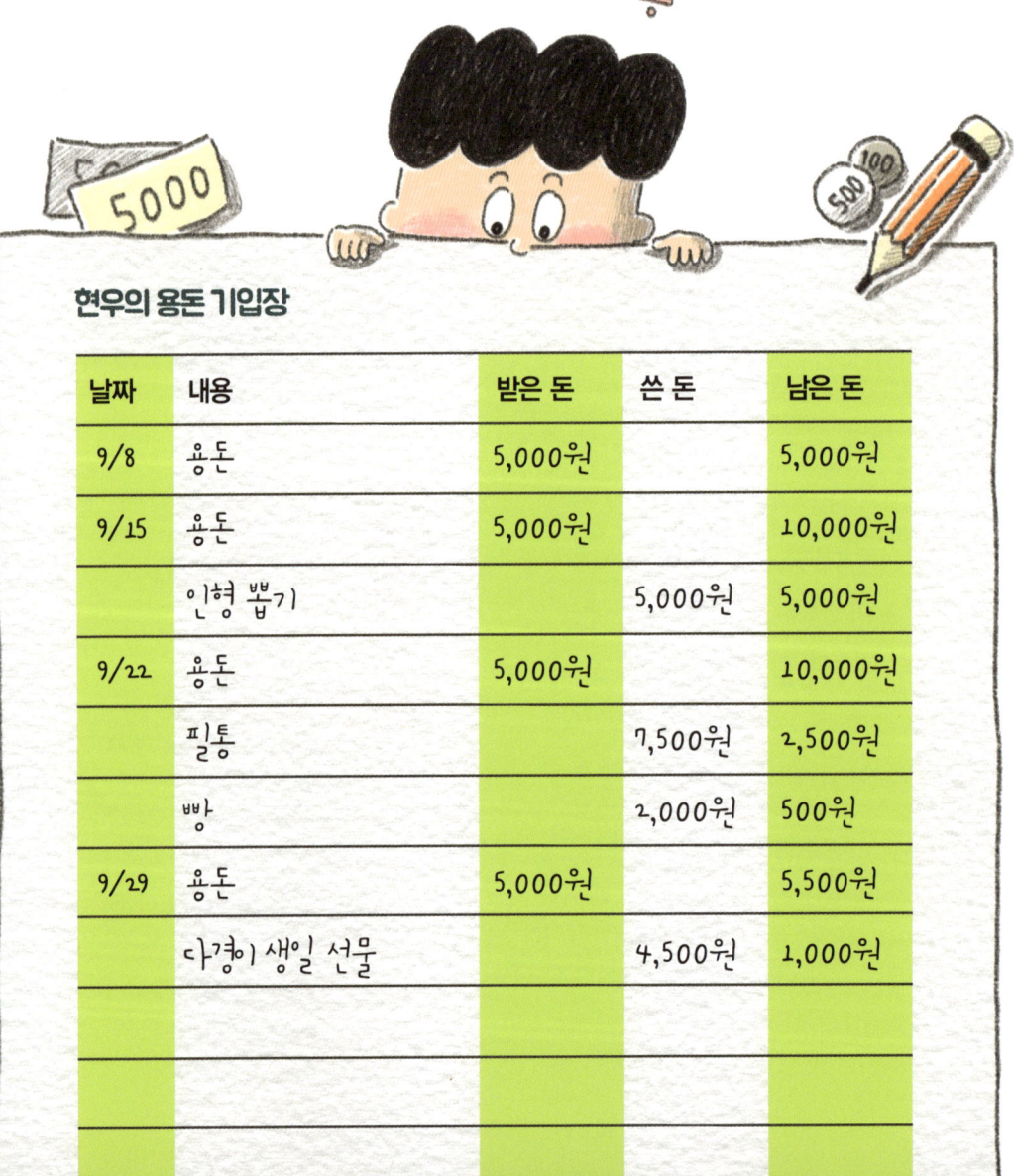

현우의 용돈 기입장

날짜	내용	받은 돈	쓴 돈	남은 돈
9/8	용돈	5,000원		5,000원
9/15	용돈	5,000원		10,000원
	인형 뽑기		5,000원	5,000원
9/22	용돈	5,000원		10,000원
	필통		7,500원	2,500원
	빵		2,000원	500원
9/29	용돈	5,000원		5,500원
	다경이 생일 선물		4,500원	1,000원

9월 결산

	내용	금액		내용	금액
들어온 돈	용돈	20,000원	쓴 돈	인형 뽑기	5,000원
				필통	7,500원
				빵	2,000원
				생일 선물	4,500원
	합계	20,000원		합계	19,000원
남은 돈	1,000원				

이번 달 평가

용돈을 처음 받기 시작한 역사적인 달!
처음부터 충동구매로 돈을 너무 많이 쓴 게 아쉽다.

다음 달 목표 내용

충동구매하지 않기!
다음 달엔 꼭 잘 따져 보고 용돈을 쓸 거야.

쉬어 가요

누가 더 좋은 선택을 했을까?

우왁!
그림물감

지수의 장난감에 비하면 가격은 훨씬 싸지만, 다경이는 내 선물을 더 좋아했어.

내가 물감 갖고 싶어 하는 걸
어떻게 알았니?

사람마다 좋아하는 물건은 달라요

　모든 사람의 생각이 같다면 어떨까요? 옷 가게에서는 다양한 옷을 팔 필요가 없을 거예요. 소비자가 좋아할 만한 한 가지 종류의 옷만 진열해 놓으면 잘 팔릴 테니까요. 하지만 실제로 옷 가게에서는 길고 짧고 빨갛고 검은 다양한 종류의 옷을 팔아요. 사람마다 좋아하는 게 다르기 때문이에요. 이 말을 경제 용어로 표현하면 '소비자마다 선호가 다르다.'라고 한답니다.

　선물을 살 때는 받는 사람의 선호를 고려해야 해요. 지수의 선물처럼 자신이 좋아하고 비싼 물건이더라도 받는 사람은 좋아하지 않을 수 있거든요. 반대로 현우의 선물처럼 상대의 선호를 잘 살핀 물건은 값이 저렴하더라도 받는 사람에게 큰 기쁨을 줄 수 있어요.

 ## 즐거운 추석, 특별 용돈을 받았어

오늘은 민족의 명절 추석이야. 오랜만에 할아버지 할머니도 뵙고, 맛있는 송편도 배불리 먹으며 즐거운 시간을 보냈지. 그런데 왜 즐거운 시간은 더 빨리 흘러가는 걸까? 어느덧 집으로 돌아갈 시간이 되어 버렸어.

아쉬운 마음으로 집에 갈 준비를 하는데, 할아버지가 다가오셔서 봉투를 건네셨어.

"현우가 어느새 3학년이 되어

용돈을 받는다고? 정말 대견하구나. 이건 할아버지가 주는 선물이다."

봉투를 열어 보니 안에 만 5천 원이 들어 있었어. 무려 3주 치 용돈이나 되는 어마어마한 돈이야!

나는 잠시 갈등했어. 할아버지께 용돈을 받았다는 사실을 엄마에게 말하는 게 좋을까? 엄마가 용돈을 가져가면 어쩌지? 그래도 돈을 몰래 가지고 있으면 마음이 불편할 것 같아서 나는 엄마한테 이야기하기로 했어.

그런데 걱정한 것과 달리 엄마는 용돈을 가져가지 않았어.

"'특별 용돈'도 현우가 관리해 보렴."

야, 신난다. 우리 엄마는 정말 최고야! 이번 주에 용돈 5천 원에, 특별 용돈까지 한꺼번에 들어오다니. 이걸 어떻게 써야 잘 썼다는 이야기를 들을까? 이번엔 절대 인형 뽑기 같은 일에 돈을 몽땅 쓰지 않을 거야.

이 돈으로 뭘 살지 머릿속으로 여러 후보를 떠올리다가 갑자기 좋은 생각이

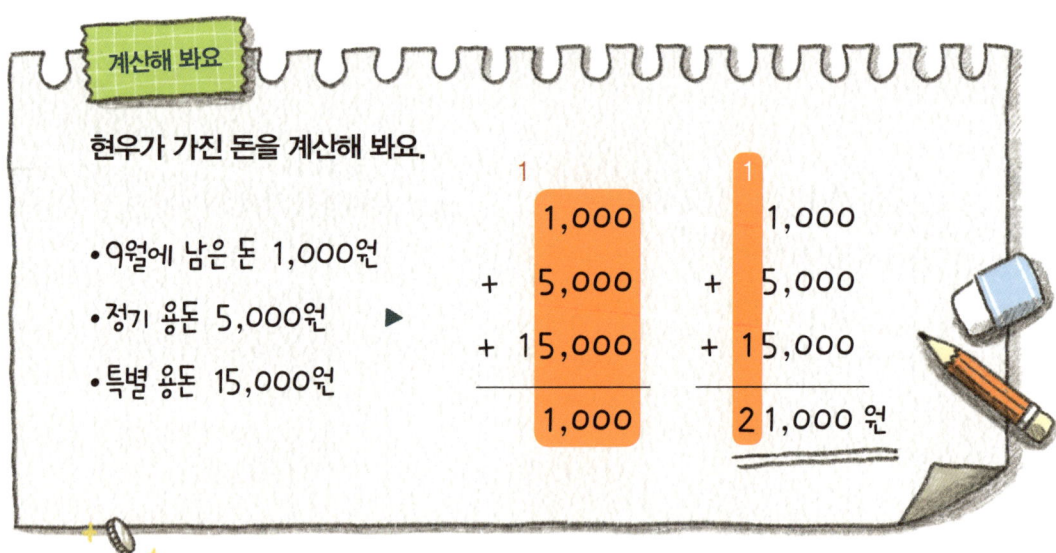

특별 용돈도 소중히 써요

우리는 보통 매주 또는 매달 비슷한 금액의 용돈을 받아요. 돈은 대부분 이렇게 정기적으로 들어온답니다. 그런데 명절이나 생일 같은 날에 생각지 못한 용돈을 받기도 해요. 이렇게 받은 특별 용돈은 정기 용돈과 달리 왠지 쉽게 생긴 '공돈' 같은 느낌이 듭니다. 그래서 꼼꼼하게 따져 보지 않고 휙 써 버리는 경우가 많아요. 쉽게 생긴 돈이니까 쉽게 써도 된다고 생각하거든요. 이처럼 같은 금액의 돈이라도 어떻게 생겼는지에 따라 씀씀이에 차이가 나는 걸 '소비 성향이 다르다.'고 표현해요.

하지만 매주 받는 5천 원도, 특별한 날에 받은 5천 원도 돈의 가치는 똑같아요. 특별 용돈도 정기 용돈만큼 소중한 돈이니 의미 있게 쓰면 어떨까요? 그동안 용돈이 부족해서 하지 못했던 일들을 하는 데 써도 좋고요.

났어. 동네 제과점을 벗어나, 우리나라에서 가장 빵을 맛있게 만든다는 일품베이커리에 가 보기로 했지. 일품베이커리 빵을 먹어 보면 세상에서 가장 맛있는 빵을 만들겠다는 내 꿈에 더 가까워질 수 있을 거야. 빵 가격도 비싸고 거리도 멀어서 그동안 엄두도 못 냈지만, 특별 용돈이 생겼으니 금방 돈을 모아서 갈 수 있을 거야.

유명한 케이크랑 마카롱을 골고루 사 먹을 수 있게 3만 원을

모으는 순간 일품베이커리에 가겠다고 결심하고, 나는 특별 용돈을 저금통에 넣었어.

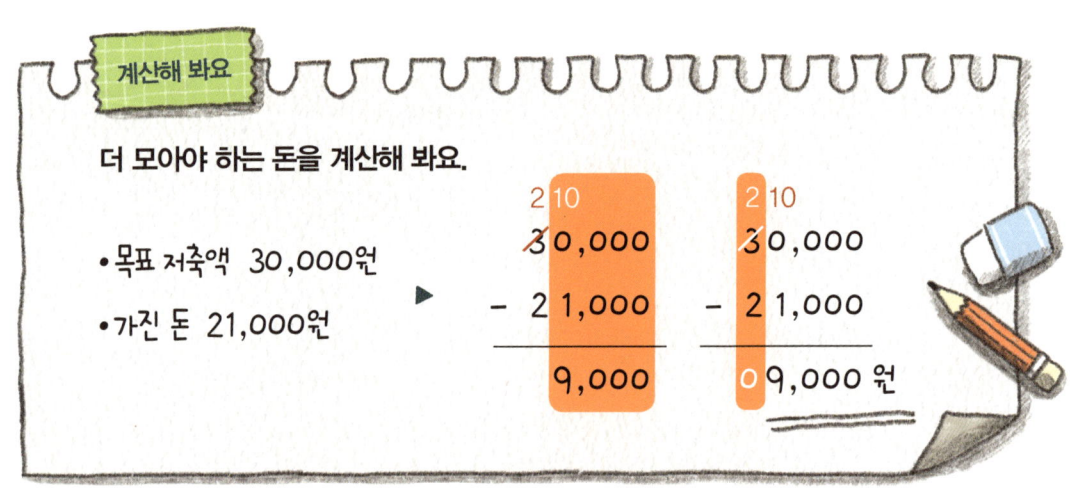

계산해 봐요

더 모아야 하는 돈을 계산해 봐요.

- 목표 저축액 30,000원
- 가진 돈 21,000원

▶

$$\begin{array}{r} \overset{2}{\cancel{3}}\overset{10}{0,000} \\ -\ 2\ 1,000 \\ \hline 9,000 \end{array}$$

$$\begin{array}{r} \overset{2}{\cancel{3}}\overset{10}{0,000} \\ -\ 2\ 1,000 \\ \hline 0\ 9,000\ 원 \end{array}$$

현우의 용돈 기입장

날짜	내용	받은 돈	쓴 돈	남은 돈
10/1	지난달 남은 돈			1,000원
10/6	용돈	5,000원		6,000원
10/8	특별 용돈	15,000원		21,000원

거스름돈을 잘못 받았어

오늘은 즐거운 용돈 받는 날! 아침부터 공책을 꺼내 용돈을 받았다고 적다 보니, 문득 용돈 기입장을 사야겠다는 생각이 들었어. 매번 공책에 줄을 치며 돈이 어떻게 들어오고 나가는지 정리하는 게 시간도 오래 걸리고, 다른 공책들과 구별하기도 어려웠거든.

학교에서 돌아오는 길에 집 앞 문구점에 갔는데, 썩 마음에 드는 게 없었어. 내 개성을 살려 줄 멋진 그림이 그려진 용돈 기입장을 사고 싶은데 죄다 평범한 것뿐이었어.

"엄마, 용돈 기입장을 사고 싶은데 동네 문구점에는 마음에

드는 게 없어요. 더 다양한 용돈 기입장을 보려면 어디로 가야 해요?"

한참을 고민하다가 엄마에게 물어보니 엄마가 빙그레 웃으며 말했어.

"그러면 엄마랑 오늘 남대문 시장에 같이 나들이 갈까?"

우아, 텔레비전에서만 보던 남대문 시장에 간다니! 동네 시

장과는 비교도 할 수 없을 만큼 아주아주 큰 시장이겠지?
 엄마와 버스를 타고 도착한 남대문 시장은 정말 없는 게 없는 곳 같았어. 안경, 가방, 옷, 카메라 등 수많은 물건이 가게마다 가득 차 있었지. 나는 엄마와 함께 문구류가 모여 있는 구역으로 향했어. 건물 전체가 문구로 가득 찬 어마어마한 규모의 가게들이 거리에 쭉 이어져 있었어.

"앗, 저거다!"

나는 한참 가게를 둘러보다가 맘에 쏙 드는 용돈 기입장을 발견했어. 빨간 슈퍼 카가 그려진 표지가 어디서든 눈에 확 들어올 것처럼 강렬한 느낌을 주었지. 딱 나를 위한 거였어. 가격도 2천 원밖에 안 돼서 많이 비싸지 않고 말이야.

"엄마, 제 돈으로 계산할게요."

나는 물건을 집어 들고 엄마를 빠르게 앞질러서 계산대로 갔어. 주인아저씨에게 집에서 챙겨 온 5천 원을 내밀었지. 아저씨는 나한테 3,500원을 거슬러 주셨어. 나는 어리둥절했어. 아무리 생각해도 아저씨가 돈을 더 주신 것 같았어.

"거스름돈을 더 주신 것 같아요. 한번 확인해 주시겠어요?"

내가 이렇게 말하자, 아저씨는 컴퓨터 화면을 보더니 "아차!" 하셨어. 아마도 다른 물건의 가격과 착각하셨던 것 같아.

"어린이가 계산도 잘하고 아주 정직하구나! 고마워요."

칭찬을 받으니 정말 뿌듯했어. 엄마도 내가 자랑스러운 듯 흐뭇하게 웃었지.

꼼꼼하게 따져서 용돈을 쓴 덕분에 오늘 나들이는 대성공이었어. 태어나 처음 남대문 시장에 가 보고, 멋진 용돈 기입장도 사고, 칭찬까지 들었으니까 말이야!

생각해 봐요

시장의 종류는 다양해요

시장은 물건을 사고자 하는 소비자와 물건을 팔고자 하는 공급자가 한곳에 모이는 경제 활동의 중심지예요. 우리 주변에는 전통 시장, 편의점, 대형 마트, 온라인 쇼핑몰처럼 다양한 종류의 시장이 있답니다.

남대문 시장은 우리나라를 대표하는 대형 전통 시장이에요. 옛날부터 전국에서 생산된 물건을 가져와서 파는 가게들이 자연스럽게 모여들어 만들어진 곳이지요. 전통 시장에는 동네에서 구하기 힘든 물건들이 많고 가격도 싸요. 하지만 시설이 오래됐다 보니, 요즘은 대형 마트에 밀려 손님이 줄어드는 추세예요.

▲ 전통 시장

편의점은 편리함을 내세운 점포랍니다. 늦게까지 문을 열고, 집 근처나 사람들이 많이 지나다니는 곳에 있어 쉽게 방문할 수 있어요. 하지만 물건 종류가 많지 않고, 가격도 전통 시장이나 대형 마트에 비해 비싸지요.

▲ 편의점

대형 마트는 면적이 3천 제곱미터 이상 되는 아주 큰 점포예요. 물건을 두세 개씩 묶어 파는 경우가 많은데, 대신 가격이 싸고 쇼핑하기 편하도록 시설도 잘돼 있어요. 하지만 주로 대기업들이 운영하기 때문에 주변 가게나 시장 상인들을 힘들게 한다는 비판도 받아요. 그래서 우리나라는 매월 두 번 대형 마트 문을 닫도록 규제하고 있답니다.

▲ 대형 마트

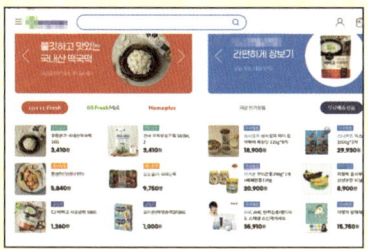
▲ 온라인 쇼핑몰

온라인 쇼핑몰은 최근에 크게 성장하고 있는 시장이에요. 집 밖에 나가지 않아도 컴퓨터나 스마트폰으로 물건을 살 수 있어서 무척 편하지요. 다만 물건을 직접 보고 살 수 없고, 물건을 받기까지 시간이 걸린다는 단점도 있으니까 신중하게 이용하는 것이 좋아요.

현우의 용돈 기입장

날짜	내용	받은 돈	쓴 돈	남은 돈
10/1	지난달 남은 돈			1,000원
10/6	용돈	5,000원		6,000원
10/8	특별 용돈	15,000원		21,000원
10/10	빵		2,000원	19,000원
10/13	용돈	5,000원		24,000원
	용돈 기입장		2,000원	22,000원

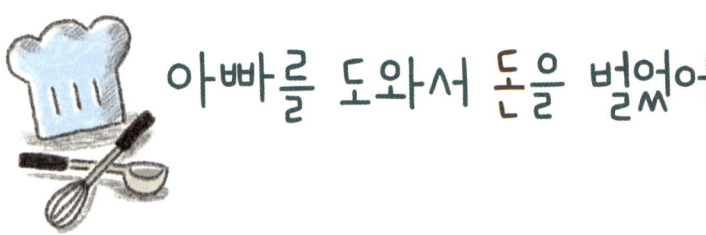
아빠를 도와서 돈을 벌었어

　오늘은 오랜만에 우리 세 식구가 함께 보내는 즐거운 금요일이야. 아빠가 회사를 가지 않고 휴가를 내셨거든. 그래서 저녁 식사 당번도 아빠가 맡기로 했어. 아빠가 해 주는 닭볶음탕과 수제비는 세상에서 가장 맛있어. 나의 요리 실력도 아마 아빠에게 물려받은 것 같아.

　밥때가 되려면 아직 두 시간이나 남았는데 벌써 배가 고팠어. 요리가 완성되기를 목 빠지게 기다리는 나에게 아빠는 한 가지 제안을 했어.

　"현우가 저녁 준비를 도와줄래? 미래의 파티시에 현우와 함께하면 훨씬 빠르게 요리를 할 수 있을 것 같아. 대신 아빠가 시간당 용돈 2천 원을 줄게."

일을 하고 돈을 벌 수 있다니, 정말 근사한데? 용돈 2천 원을 더 받으면 일품베이커리에 가는 날도 훨씬 앞당겨질 거야. 나는 힘차게 "네!" 하고 대답했어.

아빠가 밀가루와 물과 소금이 섞인 반죽을 줬어. 손으로 열심히 치대서 쫄깃한 반죽을 만들어 달라고 하셨어.

수제비 반죽은 생각보다 쉽지 않았어. 요령이 부족해서인지 반죽은 뭉쳐지지 않고 힘없이 흐트러졌지. 체중을 실어 있는 힘을 다해 반죽을 하다 보니 어느새 땀이 났어.

그래도 끈기를 갖고 반죽을 하고 30분 동안 숙성시키니 동그란 밀가루 덩어리가 만들어졌어. 반죽을 조각조각 뜯어서 미리

돈은 어떻게 벌까요?

맛있는 음식을 먹고, 예쁜 옷을 입고, 재미있는 장난감을 사는 등 생활하는 데 필요한 것들을 얻기 위해서는 돈이 필요해요. 그래서 가족 중 누군가는 돈을 벌어야 한답니다. 돈을 버는 방법은 다양하지만, 가장 일반적인 방법은 직장에서 일을 하는 거예요. 일은 시간과 노력을 들여서 다른 사람을 위해 물건을 만들거나 서비스를 하는 것을 뜻해요. 식당에서 음식을 만들고, 학교에서 학생들을 가르치고, 편의점에서 물건을 파는 것 모두 일이랍니다. 이렇게 일해서 버는 돈을 '노동 소득'이라고 불러요.

우리나라를 비롯한 세계 여러 나라는 어린이들이 어른이 되기 전까지 심하게 일을 하는 걸 막고 있어요. 어린이에게는 돈을 버는 것보다 즐겁게 뛰어놀고 미래를 위해 공부하는 게 더 중요하거든요. 하지만 일의 즐거움과 보람을 느낄 수 있는 정도의 일은 괜찮으니, 부모님을 돕는 가벼운 일을 하고 용돈을 벌어 보면 어떨까요?

준비한 국물에 넣어 끓여 내니, 짠! 맛 있는 수제비가 완성됐어.

음식을 그럴듯하게 차려 놓고 엄마 아빠와 식탁에 앉았어. 수제비 한 숟갈을 쓱 퍼서 입에 넣으니 꿀맛이었어. 내가 함께 만든 요리라서 그런가, 평소 아빠의 음식보다 더 맛있게 느껴지는걸? 엄마가 정말 맛있다며 칭찬을 해 주니 뿌듯했어.

"현우 덕분에 오늘 즐거운 저녁 시간이 됐네."

식사를 마치자 아빠가 약속했던 용돈을 줬어. 열심히 일해서 번 첫 소득이어서인지 평소의 돈보다 더 값진 것 같아. 소중히 모아 두었다가 정말 필요한 곳에 사용해야지! 앞으로도 엄마

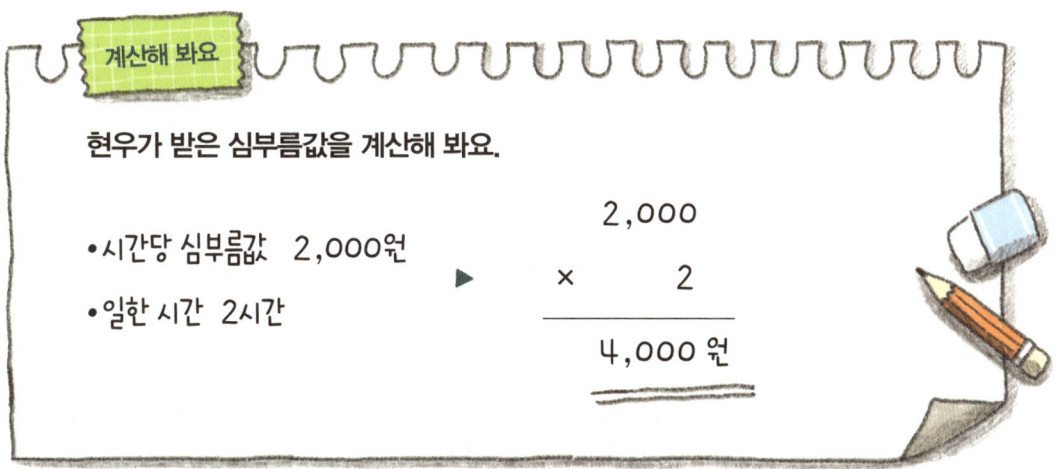

계산해 봐요

현우가 받은 심부름값을 계산해 봐요.

- 시간당 심부름값 2,000원
- 일한 시간 2시간

▶
```
   2,000
 ×     2
-------
   4,000 원
```

아빠를 많이 도와드려서 일하는 기쁨과 특별 용돈까지 두둑하게 챙겨야겠다.

현우의 용돈 기입장

날짜	내용	받은 돈	쓴 돈	남은 돈
10/1	지난달 남은 돈			1,000원
10/6	용돈	5,000원		6,000원
10/8	특별 용돈	15,000원		21,000원
10/10	빵		2,000원	19,000원
10/13	용돈	5,000원		24,000원
	용돈 기입장		2,000원	22,000원
10/17	친구들 과자		2,400원	19,600원
10/20	용돈	5,000원		24,600원
	심부름값	4,000원		28,600원

드디어 3만 원을 모았어

창문에 어른거리는 아침 햇살에 오늘따라 눈이 바로 떠졌어. 오늘은 용돈을 받는 날이거든. 이번 용돈만 받으면 나는 목표했던 돈 3만 원을 채울 수 있어.

"자, 이번 주 용돈 5천 원이야. 드디어 우리 현우가 목표를 달성했구나! 그동안 용돈 모으느라 고생했어."

엄마의 칭찬을 들으니 어깨가 으쓱했어. 그동안 쓸데없는 소비를 꾹 참으려고 고생했던 시간을 한번에 보상받는 것 같은 기분이 들었지.

나는 오래전부터 꿈꿔 왔던 일품베이커리에 가기로 마음먹었어. 학교가 끝나고 집에 들러 저금통에 있는 돈을 모두 꺼냈어. 그리고 단짝 친구 준호와 함께 지하철을 타고 일품베이커리가 있는 서울 홍대거리로 출발했어. 준호는 세계 최고의 요리사가 되는 게 꿈이야. 나와 비슷한 꿈을 갖고 있어서 마음이 척척 맞는 친구야. 나는 평소에 떡볶이를 얻어먹은 은혜를 갚을 겸, 이번에는 내가 준호에게 빵을 쏘기로 했어.

나는 처음으로 혼자서 450원을 내고 지하철표를 샀어. 엄마 없이 먼 길을 갈 생각을 하니 가슴이 쿵쾅쿵쾅 뛰었지.

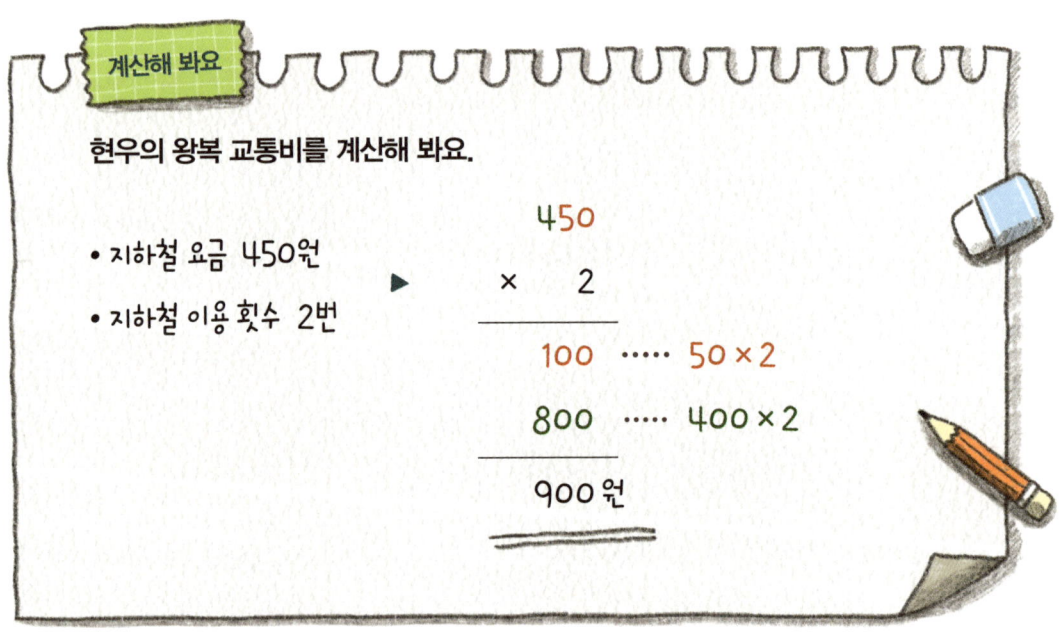

계산해 봐요

현우의 왕복 교통비를 계산해 봐요.

- 지하철 요금 450원
- 지하철 이용 횟수 2번

▶
```
      450
  ×     2
  ───────
      100   ····· 50 × 2
      800   ····· 400 × 2
  ───────
      900 원
```

지하철은 곧 홍대입구역에 도착했어. 우리는 10분을 더 걸어서 일품베이커리에 갔어. 입구부터 맛있는 냄새가 솔솔 풍겨

왔어.

가게에 들어서자 점원 누나가 우리를 쳐다봤어. 주로 대학생 형, 누나들이 찾는 가게에 우리가 온 게 이상했나 봐. 점원 누나가 쟁반과 집게를 들고 다가와 말을 걸었어.

"빵은 여기에 담아서 계산대로 가져다 주세요."

그동안 열심히 모아서 가져온 오늘의 예산은 3만 원. 큰돈

같았지만, 사실 넉넉한 돈은 아냐. 일품베이커리에서 꼭 먹어 보고 싶었던 딸기 크레이프 케이크와 수제 마카롱을 주문하고, 목마름을 달래 줄 음료수까지 사면 지갑이 텅텅 비거든. 케이크는 한 조각에 6천 원이나 하고 마카롱은 하나에 3,500원, 우유도 한 잔에 3천 원이나 해. 준호와 내가 각자 케이크와 우유 한 잔씩 먹고 나면, 집에 가져가서 엄마 아빠와 나눠 먹으려고 했던 마카롱은 세 개밖에 못 사겠어. 에고, 그럼 케이크는 한 조각만 사서 준호와 나눠 먹어야 하려나?

그때 내 눈에 일품 세트 메뉴가 들어왔어. 케이크 두 조각과 수제 마카롱 다섯 개, 우유나 주스 두 잔을 묶어서 2만 9천 원에 파는 거야. 메뉴를 따로따로 시키는 것보다 훨씬 이득인걸? 역시 나는 천재야!

일품베이커리의 빵 맛은 역시 소문대로였어. 평소에 먹던 빵들과는 정말 차원이 달랐어. 준호도 맛에 감동했는지 눈이 두 배는 커졌지.

계산해 봐요

일품 세트의 원래 가격을 계산해 봐요.

① 각각의 음식 가격 구하기

- 가격 6,000원
- 수량 2조각

▼

```
   6,000
 ×     2
────────
  12,000원
```

- 가격 3,500원
- 수량 5개

▼

```
    3,500
  ×     5
─────────
    2,500  ····· 500 × 5
   15,000  ····· 3,000 × 5
─────────
   17,500원
```

- 가격 3,000원
- 수량 2잔

▼

```
   3,000
 ×     2
────────
   6,000원
```

② 음식 가격 모두 더하기

```
    12,000
  + 17,500
  +  6,000
  ────────
       500
```

```
        1
    12,000
  + 17,500
  +  6,000
  ────────
     5,500
```

```
     1
    12,000
  + 17,500
  +  6,000
  ────────
    35,500원
```

처음으로 용돈으로 목표를 달성하고 나니 집에 돌아가는 길에 콧노래가 절로 나왔어. 사람들을 행복하게 해 주는 빵을 만들고 싶다는 열정도 더 불타올랐지. 아무래도 오늘 밤은 행복한 꿈을 꿀 것만 같아!

생각해 봐요

세트 메뉴는 왜 쌀까요?

세트 메뉴는 식당이나 제과점 같은 곳에서 음식과 음료 등을 묶어서 파는 상품인데, 메뉴를 따로따로 시킬 때보다 가격을 10~20퍼센트 할인해 줘요. 세트 메뉴는 인기가 많아요. 현우처럼 케이크와 우유를 사는 값에 돈을 조금만 더 보태서 마카롱까지 여러 개 살 수 있다면 더 합리적인 소비를 하는 셈이니까요.

가게 입장에서도 세트 상품을 판매해서 손님이 만족을 느끼면 이익이에요. 손님이 다음에 다시 가게를 찾을 가능성이 높아지고, 주변에 가게에 대한 좋은 입소문을 퍼트려서 더 많은 손님이 찾아오게 할 수도 있으니까요.

하지만 케이크와 우유만으로 배부르고 만족스럽다면 굳이 돈을 더 내고 마카롱까지 살 필요는 없어요. 이런 때에는 세트 메뉴를 시키는 게 낭비랍니다. 싸게 사는 것도 중요하지만, 필요 없는 물건은 사지 않는 게 돈을 아끼는 지름길이라는 사실을 꼭 기억하세요.

현우의 용돈 기입장

날짜	내용	받은 돈	쓴 돈	남은 돈
10/1	지난달 남은 돈			1,000원
10/6	용돈	5,000원		6,000원
10/8	특별 용돈	15,000원		21,000원
10/10	빵		2,000원	19,000원
10/13	용돈	5,000원		24,000원
	용돈 기입장		2,000원	22,000원
10/17	친구들 과자		2,400원	19,600원
10/20	용돈	5,000원		24,600원
	심부름값	4,000원		28,600원
10/27	용돈	5,000원		33,600원
	교통비		900원	32,700원
	일품 세트 메뉴		29,000원	3,700원

10월 결산

	내용	금액		내용	금액
들어온 돈	지난달 남은 돈	1,000원	쓴 돈	빵	2,000원
	용돈	20,000원		용돈 기입장	2,000원
	특별 용돈	15,000원		친구들 과자	2,400원
	심부름값	4,000원		교통비	900원
				일품 세트 메뉴	29,000원
	합계	40,000원		합계	36,300원
남은 돈	3,700원				

이번 달 평가

특별 용돈에 심부름값까지, 평소보다 더 많은 용돈을 받은 달. 이 돈을 함부로 쓰지 않고 잘 모아서 꼭 하고 싶었던 일에 쓴 나를 칭찬해!

다음 달 목표 내용

용돈으로 무언가를 사는 것 말고 다른 일을 할 수는 없을까? 다음 달에는 용돈으로 할 수 있는 더 값진 일을 찾아볼 거야.

전자 화폐는 무엇일까요?

　전자 화폐는 온라인으로 접속할 수 있는 시스템에 저장해 두고 스마트카드나 스마트폰의 애플리케이션을 통해 사용하는 돈입니다. 요즘은 시내버스를 타거나 가게에 가면 전자 화폐의 한 종류인 충전식 플라스틱 카드를 단말기에 대서 계산하는 사람이 많지요.

　전자 화폐를 사용하면 두꺼운 지갑을 들고 다니거나, 내야 할 돈을 세기 위해 시간을 쓸 필요가 없어요. 어디에 돈을 얼마나 사용했는지 기록을 쉽게 찾아볼 수도 있고요.

　하지만 돈이 얼마나 남았는지가 바로 눈앞에 보이지 않다 보니, 돈을 휙휙 쓰게 되고 자연스레 불필요한 소비를 하기 쉬워요. 그러니까 전자 화폐를 사용할 때는 잔액이 얼마나 있는지, 나한테 꼭 필요한 소비인지 확인하는 습관을 길러야 한답니다.

나는야 기부 천사

"크리스마스실을 살 사람은 선생님 자리로 나오세요."

날씨가 쌀쌀해지는 걸 보니 곧 겨울이 오려나 봐. 수업을 다 마치자 선생님이 벌써 올해 크리스마스실이 나왔다고 교실에 가지고 오셨어. 크리스마스실은 해마다 연말에 발매되는데, 우표와 비슷하게 생긴 종이야. 편지를 보낼 때 우표 옆에 붙이면 돼. 대한결핵협회는 크리스마스실을 팔아서 생긴 수익을 결핵 환자들을 돕는 데 쓴다고 해.

"요즘 누가 편지를 써. 사 봐야 아무 쓸모 없는 거 아니야?"

찬유가 칠판에 붙어 있는 크리스마스실을 보고 낮은 목소리로 말했어. 사실 찬유의 말이 틀린 건 아냐. 작년에 엄마 아빠랑 여행 갔을 때 말고는 우체국에서 편지를 부쳐 본 기억이 도무지 나지 않는걸. 사실 실 열 장짜리 한 묶음 가격 3천 원이면 내 일주일 용돈의 절반이 넘는 거금이야.

그런데 뒷자리에 앉은 다경이가 번쩍 일어나 앞으로 나갔어. 다경이는 아무래도 크리스마스실을 살 모양이야.

"크리스마스실을 사면 돈이 없어서 제대로 치료받지 못하는 결핵 환자들에게 기부를 할 수 있어. 예쁜 실도 생기고, 어려운 사람들도 도울 수 있다니 정말 멋진 일이지 않니?"

다경이의 말을 듣고 나는 갑자기 정신이 번쩍 들었어. 사실 그동안 나는 용돈을 받아서 내가 갖고 싶은 물건, 먹고 싶은 음

기부란 무엇일까요?

'기부'는 내가 가진 것을 어려운 사람들에게 나눠 주는 일이에요. 기부로 다른 사람들을 도와주는 것은 뜻깊은 경제 활동이랍니다. 또 사회를 위해 좋은 일을 했다는 뿌듯함은 단순히 물건을 샀을 때와는 다른 만족감을 줘요.

기부는 어렵지 않아요. 텔레비전에 나오는 어른들처럼 꼭 큰돈을 내야 하는 것도 아니에요. 나한테 작아서 더 이상 입을 수 없는 옷을 옷이 없는 아이들에게 주는 일도 기부예요. 물건 가격의 일부를 떼어 어려운 사람들에게 후원하는 상품을 사는 것도 기부지요. 재능을 기부하는 방법도 있어요. 예를 들면 가난해서 머리를 자를 수 없는 사람들에게 미용사가 돈을 받지 않고 이발을 해 주거나, 치료받을 형편이 안 되는 사람들을 의사가 무료로 진료해 주는 거지요. 우리도 스스로가 참여할 수 있는 기부 방법을 찾아서 의미 있는 경제 활동을 해 보면 어떨까요?

식을 사는 것만 생각했어. 그런데 용돈으로 어려운 이웃을 도울 수도 있다니…….

올해는 나도 다경이를 따라 처음으로 크리스마스실을 샀어. 용돈으로 이렇게 좋은 일에도 참여할 수 있어서 뿌듯한걸? 거기다가 예쁜 실까지 덤으로 생기고 말이야.

이제 연말이 다가오니 용돈을 더 값지게 쓸 수 있는 곳들을 찾아봐야겠어. 이제 나를 '기부 천사 최현우'라고 불러 줘!

현우의 용돈 기입장

날짜	내용	받은 돈	쓴 돈	남은 돈
11/1	지난달 남은 돈			3,700원
11/3	용돈	5,000원		8,700원
	크리스마스실		3,000원	5,700원

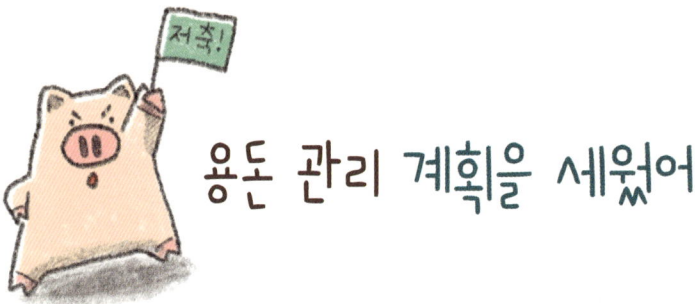

용돈 관리 계획을 세웠어

　용돈을 받게 된 지도 벌써 세 달이 지났어. 그동안 꼭 필요하지도 않은 필통을 사서 돈을 아깝게 쓴 적도 있었고, 인형 뽑기 기계에서 일주일 치 용돈을 고스란히 날려 버리기도 했지.

　용돈으로 멋진 일도 많이 했어. 차곡차곡 모은 용돈과 할아버지께 받은 특별 용돈, 아빠를 도와서 받은 심부름값까지 더해서 전부터 꼭 가 보고 싶었던 일품베이커리를 내 힘으로 갔지. 기부도 하며, 용돈을 나만을 위해서가 아니라 어려운 이웃을 위해 쓰기도 했고 말이야. 꼼꼼하게 적은 용돈 기입장을 읽어 보니 그동안의 일이 영화처럼 머릿속을 스쳐 지나가.

집에 오는 길에 산 2천 원짜리 빵을 한 입 베어 물고 여러 가지 생각에 잠겨 있는데, 나를 물끄러미 보던 아빠가 말했어.

"현우야, 우리 앞으로는 매주 용돈의 일부분을 떼어서 저축해 볼까? 얼마를 쓰고 얼마를 저축할지 미리 계획을 세워 보는 거야. 그럼 친구 생일처럼 생각하지 못했던 중요한 일에도 척척 대처할 수 있는 '비상금'이 생길 거야. 또 큰돈을 모아서 진짜 하고 싶었던 일을 하는 데 쓸 수도 있고, 은행에 저금해서 이자도 받을 수 있지."

아빠 말을 듣고 보니 지금까지 나는 용돈을 너무 계획 없이 쓴 것 같다는 생각이 들었어. 갖고 싶은 물건이 있으면 사는 데 급급해서 돈을 써 버리고, 진짜 돈이 필요한 순간에는 돈이 없어서 곤란하기도 했지. 다경이 생일잔치 날에도 정말 선물하고 싶은 것은 3D펜이었지만, 모아 둔 돈이 부족해서 사지 못했던 것처럼 말이야. 다경이가 3D펜 대신 산 그림물감을 좋아해서 천만다행이었지.

내 눈이 초롱초롱해지자 아빠는 이야기를 이어 갔어.

"우선 현우가 매주 꼭 써야 하는 돈이 얼마인지부터 따져 보렴. 그러면 얼마를 꾸준히 저축할 수 있을지 가늠할 수 있을 거야. 매주 저축해서 달성하고 싶은 목표액도 함께 세우면 돈 모으는 재미가 더 쏠쏠할 거야."

사실 가끔 빵과 우유를 사 먹는 것 같은 일에 필요한 돈은 일주일에 3천 원이면 충분해. 그러니까 2천 원을 매주 저축할 수 있겠어. 저축 목표액은 우선 5만 원으로 정해 볼까? 2천 원씩 대략 6개월을 저축하면 목표를 이룰 수 있어.

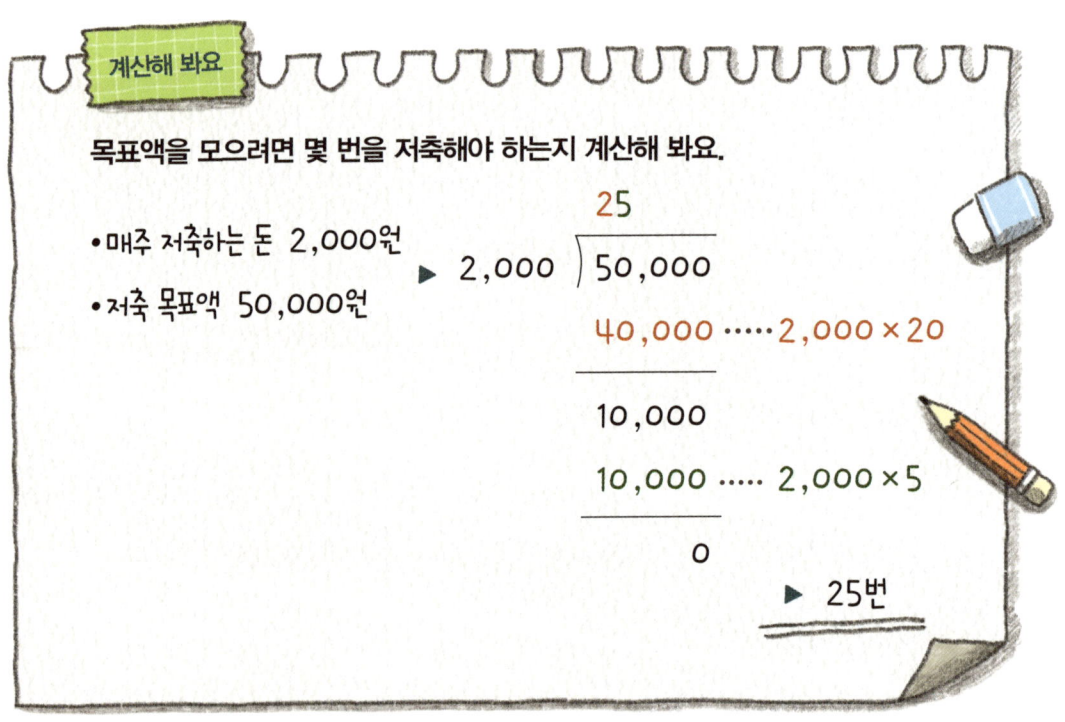

좋았어! 무작정 돈을 모으는 것보다 계획을 세워 저축하면 용돈을 훨씬 알차게 사용할 수 있겠는걸? 지금부터 시작하면

날씨가 따뜻해지는 봄에 5만 원이 쌓일 테니까, 이 일정에 맞춰 놀이동산에 놀러 가는 계획을 세워 봐야겠어. 놀이동산아 기다려라, 계획까지 잘 세우는 멋쟁이 최현우가 간다!

현우의 용돈 기입장

날짜	내용	받은 돈	쓴 돈	남은 돈
11/1	지난달 남은 돈			3,700원
11/3	용돈	5,000원		8,700원
	크리스마스실		3,000원	5,700원
11/10	용돈	5,000원		10,700원
11/13	빵		3,000원	7,700원
11/17	용돈	5,000원		12,700원
11/19	준호 생일 선물		3,700원	9,000원
11/24	용돈	5,000원		14,000원
11/25	빵		2,000원	12,000원

11월 결산

	내용	금액		내용	금액
들어온 돈	지난달 남은 돈	3,700원	쓴 돈	크리스마스실	3,000원
	용돈	20,000원		빵	5,000원
				생일 선물	3,700원
	합계	23,700원		합계	11,700원
남은 돈	12,000원				

이번 달 평가

용돈으로 기부를 한 의미있는 달.
용돈을 받으면 할 수 있는 일이 정말 많구나!

다음 달 목표 내용

계획을 세웠다면 꼭 지켜야 진짜 멋쟁이지!
다음 달부터는 계획대로 매주 2천 원씩 꼭 저축하겠어.

저금으로 돈을 어떻게 불릴까요?

　우리는 돼지저금통 속에 차곡차곡 돈을 모을 수도 있지만, 은행에 찾아가 통장을 만들고 저축을 할 수도 있어요. 은행에 저금하는 건 여러모로 이익이에요. 돈을 안전하게 보관해 줄 뿐만 아니라, 맡긴 돈을 굴려서 더 큰 돈으로 돌려주거든요. 은행에 돈을 맡기면, 은행은 이걸 돈이 필요한 사람이나 기업에 빌려줘요. 대신 우리에게는 돈을 맡긴 금액에 비례해 '이자'를 줘요. 저금해 놓은 돈을 사용한 대가를 주는 거예요.

　은행에 돈을 맡기려면 꼭 은행 지점에 방문해야 할까요? 요즘은 모든 은행이 스마트폰이나 컴퓨터로 간단한 은행 업무를 볼 수 있는 '스마트 뱅킹' 서비스를 운영해서, 집에서도 얼마든지 다양한 일을 할 수 있어요. 또한 지점을 운영하지 않고 모든 업무를 온라인으로 처리해 주는 인터넷 은행도 있답니다.

돈이란 무엇일까요?

돈은 물건과 서비스를 사고파는 과정에서 나타나는 불편을 없애기 위해 생긴 수단이에요.

아주 오래전에는 쌀, 조개껍데기 같은 물품을 돈으로 사용하기도 했는데, 이런 걸 물품 화폐라고 부릅니다.

하지만 물품 화폐는
가지고 다니기도 어렵고,

상하거나 망가지기도 쉬웠어요.

그래서 많은 나라에서 금속으로 만든 동전,
종이로 만든 지폐를 널리 사용하기 시작했답니다.

동전과 지폐에 어느 정도의 가치가 있는지 누구나 알 수 있도록 숫자를 새긴 이와 같은 돈을 **현금**이라고 불러요.

우리나라 돈의 종류

동전

10원　　50원　　100원　　500원

지폐

1,000원　　5,000원　　10,000원　　50,000원

   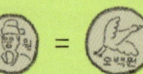   

100원짜리 동전 5개 = 500원 동전　　500원짜리 동전 2개 = 1,000원 지폐

1,000원짜리 지폐 5장 = 5,000원 지폐

5,000원짜리 지폐 2장 = 10,000원 지폐　　10,000원짜리 지폐 5장 = 50,000원 지폐

가짜 돈을 막는 첨단 기술

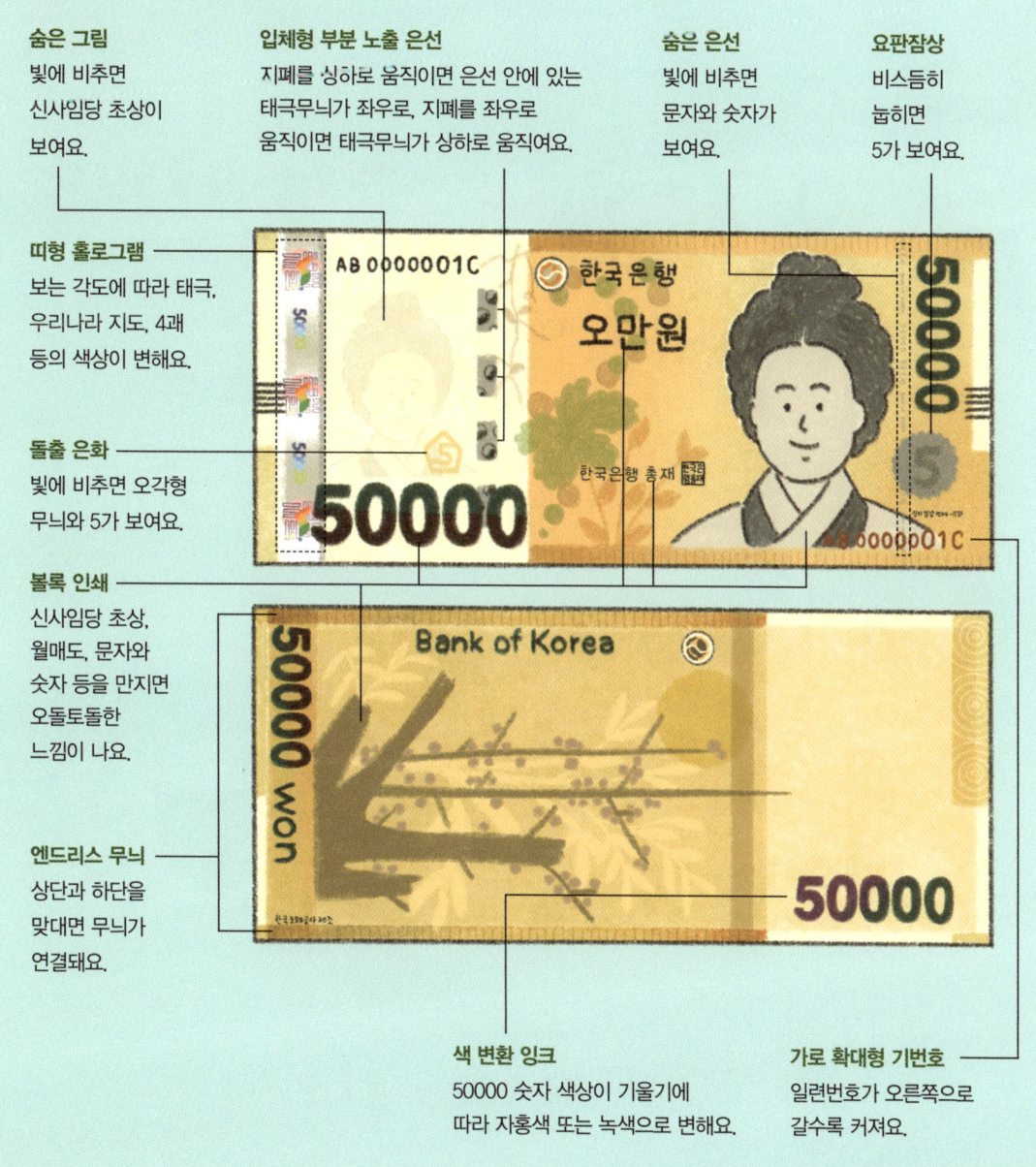

숨은 그림
빛에 비추면 신사임당 초상이 보여요.

입체형 부분 노출 은선
지폐를 상하로 움직이면 은선 안에 있는 태극무늬가 좌우로, 지폐를 좌우로 움직이면 태극무늬가 상하로 움직여요.

숨은 은선
빛에 비추면 문자와 숫자가 보여요.

요판잠상
비스듬히 눕히면 5가 보여요.

띠형 홀로그램
보는 각도에 따라 태극, 우리나라 지도, 4괘 등의 색상이 변해요.

돌출 은화
빛에 비추면 오각형 무늬와 5가 보여요.

볼록 인쇄
신사임당 초상, 월매도, 문자와 숫자 등을 만지면 오돌토돌한 느낌이 나요.

엔드리스 무늬
상단과 하단을 맞대면 무늬가 연결돼요.

색 변환 잉크
50000 숫자 색상이 기울기에 따라 자홍색 또는 녹색으로 변해요.

가로 확대형 기번호
일련번호가 오른쪽으로 갈수록 커져요.

요즘은 플라스틱 카드나 스마트폰에 담긴 **전자 화폐**도 널리 쓰이고 있어요. 전자 화폐를 사용하면 무거운 지갑을 가지고 다닐 필요가 없고,

계산대 앞에서 돈을 셀 필요도 없이 카드나 스마트폰을 단말기에 갖다 대는 것만으로 물건값을 치를 수 있어요.

다른 사람을 교묘하게 속이는 가짜 돈을 만드는 것도 불가능하고요.

아마 먼 미래에는 현금은 사라지고 전자 화폐가 그 자리를 대신하게 될 거랍니다.

소비란 무엇일까요?

우리가 살기 위해선 필요한 것이 참 많아요.
집 안을 둘러보면 음식, 옷, 스마트폰, 가방 등 없어서는 안 될 물건이 아주 많지요.

물건은 어느 날 하늘에서 뚝 떨어지는 게 아니에요.

누군가 만들어 놓은 물건을 돈을 주고 사야 하죠.

하지만 우리에게 필요한 건 물건뿐만이 아니에요.

미용실에 가서
예쁘게 머리를 손질받고,

학교나 학원에서
다양한 지식도 배워야 해요.

이렇게 눈에 보이지는 않지만

지식이나 기술로 편리함과 즐거움을 주는 일을 서비스라고 합니다.

물론 서비스를 받을 때도 돈을 내야겠죠?

이렇게 돈을 주고 물건을 사거나 서비스를 받는 일을

모두 소비라고 부른답니다.

물건을 사는 것부터 돈을 내고 서비스를 이용하는 것까지 모든 게 다 '소비'구나!

물건의 가격은 어떻게 결정될까요?

물건은 수많은 과정을 거쳐 우리에게 전해져요. 용돈 기입장을 예로 들어 볼까요? 우선 제지소에서 나무를 베어서 용돈 기입장의 재료가 되는 종이을 만들어요. 용돈 기입장을 만드는 회사는 종이를 사서 자르고 그림과 글자를 인쇄해서 예쁜 용돈 기입장을 만든답니다.

나무(원재료)
원재료 + 부가 가치
= 10원

종이
10원 + 부가 가치
= 100원

종이가 용돈 기입장이 되면 가격이 올라요.

예쁘게 디자인하고, 디자인에 맞춰 만드는 데 많은 기술과 노력이 필요하니까요.

문구점 주인이 문구 회사에서 용돈 기입장을 사 오면, 소비자인 우리는

문구점에서 용돈 기입장을 사요. 소비자가 문구점에서 용돈 기입장을 사는 가격은

문구점 주인이 문구 회사에서 사 오는 가격보다 비싸요.

문구점을 꾸미고 먼 곳에서 용돈 기입장을 사서 들고 오는 데 필요한

시간과 비용이 반영되었기 때문이에요.

이렇게 원재료에 기술과 노력이 더해져 더 값어치 있는 물건으로 바뀌는 것을 **부가 가치가 생긴다**고 표현해요.

종이가 용돈 기입장이 돼 우리 손으로 오는 과정에서 생기는 모든 부가 가치를 더하면 소비자가 내는 물건의 **가격**이 정해진답니다.

용돈을 어떻게 사용해야 할까요?

1 용돈은 무엇일까요?

용돈은 주어진 금액 안에서 마음대로 쓸 수 있는 돈이에요.

용돈의 쓰임은 크게 소비와 저축으로 나뉘어요.

소비
돈을 내고 원하는 물건을 얻거나
서비스를 받는 일

저축
미래에 사용하기 위해
돈을 남기고 모으는 일

2 물건을 살 때 따져 봐야 할 점은 무엇일까요?

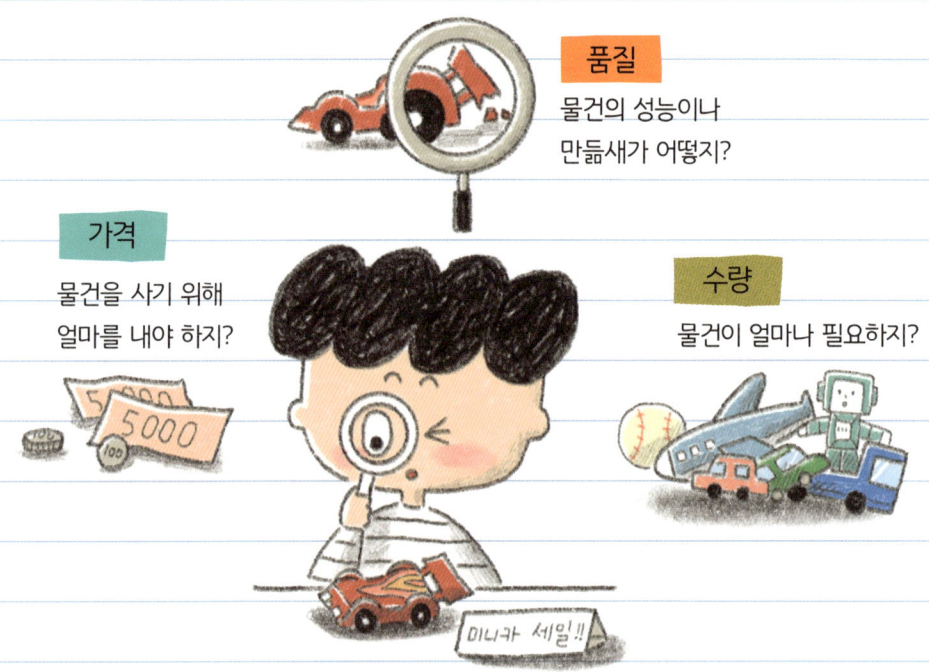

품질
물건의 성능이나 만듦새가 어떻지?

가격
물건을 사기 위해 얼마를 내야 하지?

수량
물건이 얼마나 필요하지?

3 용돈 기입장을 써 봐요

돈이 들어오고 나갈 때마다 용돈 기입장을 쓰면

돈을 언제 어디에, 얼마나 사용했는지를 쉽게 알 수 있어요.

용돈 기입장

날짜	내용	받은 돈	쓴 돈	남은 돈
돈을 받거나 쓴 날짜를 적어요.	돈이 들어오고 나간 이유를 적어요.	돈이 얼마나 들어왔는지 적어요.	돈을 얼마나 썼는지 적어요.	돈이 얼마나 남았는지 적어요.

돈이 주로 어떻게 들어오고 나가는지를 한눈에 볼 수 있게 한 달에 한 번씩 총정리해요.

9월 결산

	내용	금액		내용	금액
들어온 돈	돈이 들어온 이유를 적어요.	같은 이유로 들어온 돈을 모두 더해요.	쓴 돈	돈이 나간 이유를 적어요.	같은 이유로 나간 돈을 모두 더해요.
	합계			합계	
남은 돈	들어온 돈의 합계에서 쓴 돈의 합계를 뺀 금액을 적어요.				

이달의 기록을 다른 달과 비교해 보고 평가하면서 다음 달의 용돈 관리 계획을 세워요.

이번 달 평가

다음 달 목표 내용

글 연유진

경희대학교에서 미디어학과 경제학을 전공했어요. 10년간 〈서울경제〉 신문에서 기자로 일한 뒤, IT 기업에서 브랜드 커뮤니케이션을 담당했어요. 지금은 어린이와 청소년을 위해 경제와 산업을 쉽고 균형 잡힌 시각으로 전달하는 작가로 활동하고 있어요. 쓴 책으로는 《오늘은 용돈 받는 날》《4차 산업 혁명이 바꾸는 미래 세상》《유튜브 탐구 생활》《그러니까 경제가 필요해(공저)》《퇴근길 인문학 수업: 뉴노멀(공저)》 등이 있어요.

그림 간장

친환경 사회적 기업 등에서 그래픽 디자이너로 일했고, 지금은 일러스트레이터로 활동하고 있어요. 쓰고 그린 책으로는 《엉덩이 올림픽》《달밤 수영장》이 있고, 그린 책으로는 《엉덩이 심판》《충치 요괴》《다락방 외계인》이 있습니다. 오랜 시간 뒤에도 그림을 그리는 할머니가 되는 것이 꿈이랍니다.

오늘은 용돈 받는 날 용돈을 똑똑하게 관리하기 위한 첫걸음

초판 1쇄 발행 2021년 9월 23일 | 초판 10쇄 발행 2025년 10월 31일 | 글쓴이 연유진 | 그린이 간장
펴낸이 홍보람 | 이사 홍성우 | 편집부장 이정은 | 편집 오미현·노한나 | 디자인 이한나 | 외주디자인 권승희
마케팅 신태섭·최은서 | 관리 최우리·정원경·조영행·김정선
펴낸곳 도서출판 풀빛 | 등록 1979년 3월 6일 제2021-000055호 | 주소 서울특별시 강서구 양천로 583 우림블루나인 A동 21층 2110호
전화 02-363-5995(영업) 02-362-8900(편집) | 팩스 070-4275-0445 | 전자우편 kids@pulbit.co.kr | 홈페이지 www.pulbit.co.kr
블로그 blog.naver.com/pulbitbooks | 인스타그램 instagram.com/pulbitkids

ⓒ 연유진, 간장 2021

ISBN 979-11-6172-406-5 73320

*책값은 뒤표지에 표시되어 있습니다. *파본이나 잘못된 책은 구입하신 곳에서 바꿔 드립니다.

품명 아동 도서 제조년월 2025년 10월 31일
사용연령 8세 이상 제조자명 도서출판 풀빛
제조국 대한민국 연락처 02-363-5995
주소 서울특별시 강서구 양천로 583 우림블루나인 A동 21층 2110호
주의사항 종이에 베이거나 긁히지 않도록 조심하세요.
모서리가 날카로우니 던지거나 떨어뜨리지 마세요.
KC마크는 이 제품이 공통안전기준에 적합하였음을 의미합니다.